Raunächte
bewusst erleben

WORKBOOK

INHALT

Vorbereitung auf die Raunächte

Die 12 Heiligen Nächte

Dreikönigstag und weitere magische Tage

Sonstiges

Vorwort

In der dunklen Zeit des Winters, wenn die Tage kurz und die Nächte lang werden, öffnet sich ein geheimnisvolles Tor zu einer Zeit jenseits unserer gewohnten Wirklichkeit. Die zwölf Raunächte sind eine magische Zeit zwischen Weihnachten und dem Dreikönigstag, die seit Jahrhunderten die Menschen fasziniert und inspiriert.

In diesem Buch möchte ich dich auf deiner Reise durch diese magische Zeit der Raunächte begleiten und dich einladen, sie auf eine ganz neue Art und Weise zu erleben – bewusst, achtsam und tiefgreifend. Die Raunächte sind nicht nur eine Zeit des Übergangs, sondern auch eine Zeit der Introspektion, des inneren Wachstums und der spirituellen Erneuerung.

Wir wollen gemeinsam die alten Traditionen und Bräuche erkunden: von Räucherungen und Ritualen bis hin zu Orakeln und Traumdeutung. Nutze dieses Workbook zur Inspiration, zur Aufzeichnung deiner Träume und der Ereignisse des Tages, damit du so die einzigartigen Energien jeder einzelnen Raunacht bewusst erlebst und als eine Zeit der Kraft, der Inspiration und der Transformation nutzt.

Lass uns gemeinsam die Wunder der zwölf Nächte entdecken und eine Vision für das neue Jahr erschaffen!

Namasté
Deine Martina

VORBEREITUNG AUF DIE RAUNÄCHTE

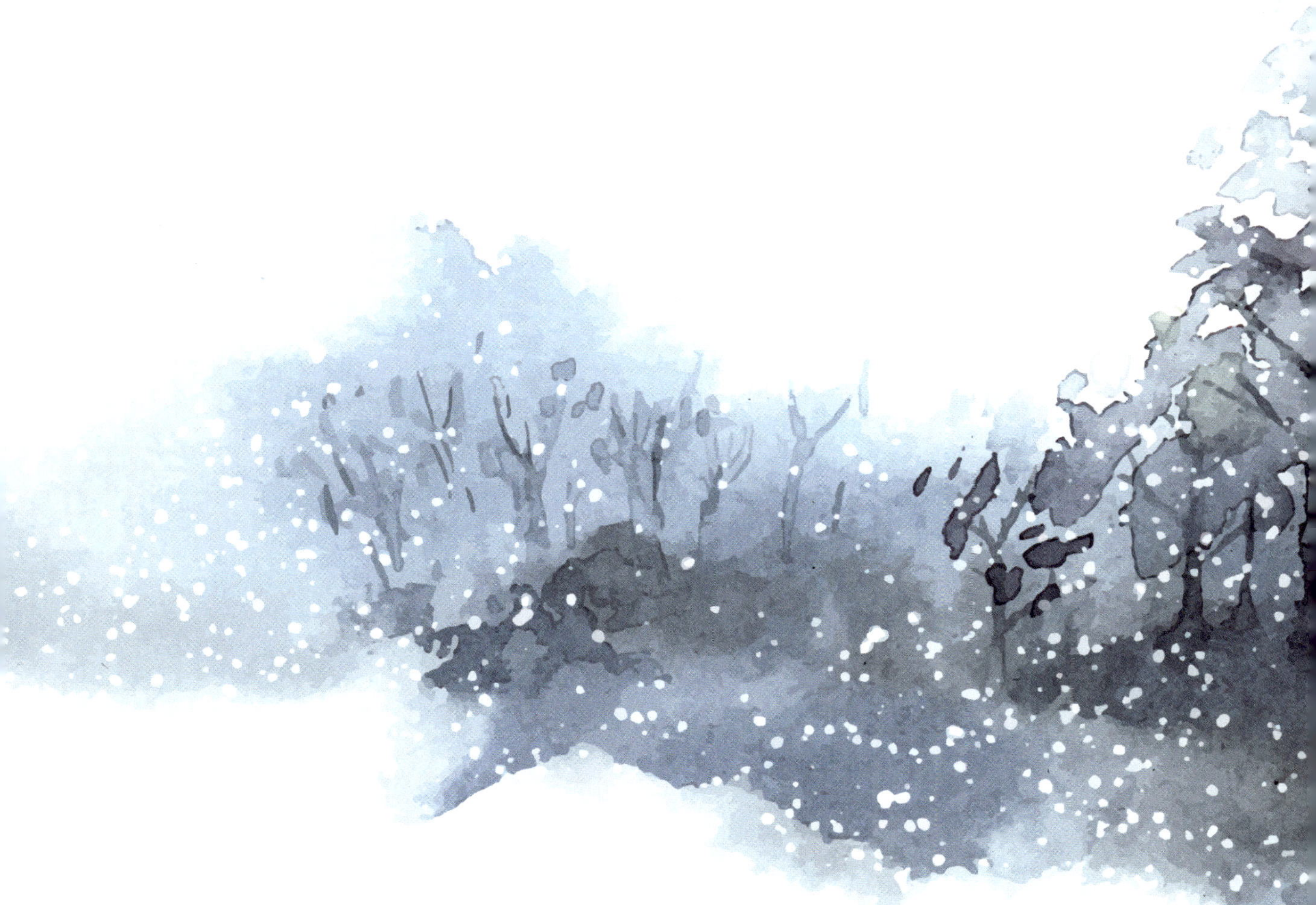

Die Raunächte – 12 heilige Nächte

Was sind die Raunächte?

Die Raunächte, die 12 Nächte zwischen Weihnachten und dem Dreikönigstag, gelten seit jeher als heilige Zeit. Diese zwölf Tage bzw. Nächte stehen symbolisch für die zwölf Monate im neuen Jahr. Sie sollen jeweils die Ereignisse im zugeordneten Monat vorhersagen, deshalb werden sie auch „Losnächte" (losen = vorhersagen) genannt.

Sie beginnen in der Nacht vom 24. auf den 25. Dezember und enden in der Nacht vom 5. Januar auf den 6. Januar. Eine Raunacht dauert jeweils von 0:00 bis 23:59 Uhr. Es gibt Überlieferungen, laut denen die Raunächte bereits am Tag der Wintersonnenwende, also am 21. Dezember, beginnen und am 2. Januar enden.

Es ist eine Zeit der Stille, der Schau nach innen, der Rückschau auf das alte Jahr und der Vorschau auf das kommende Jahr. Diese Zeit ist hervorragend geeignet, um einen Blick in die Zukunft zu werfen, Prognosen aufzustellen und mit den Naturgeistern in Kontakt zu treten. Durch einen bewussten Umgang mit den Raunächten hast du die Möglichkeit, aktiv das kommende Jahr zu beeinflussen und positiv mitzugestalten.

Der Begriff „Raunächte" (alte Rechtschreibung: „Rauhnächte") kommt von *rau* (wild), von *Rauch* oder *Räuchern* („Rauchnächte") und vom mittelhochdeutschen Wort *rûch* (haarig, pelzig) – damit ist das Aussehen der Dämonen gemeint, die zu dieser Zeit laut Überlieferung ihr Unwesen treiben.

Die Raunächte haben ihre Wurzeln in der germanischen und keltischen Tradition und resultieren aus der Differenz der Tage im Sonnenjahr (365 Tage) und dem Mondjahr (354 Tage). Um diese Differenz auszugleichen, fügten die Kelten 11 Schalttage (und damit 12 Nächte) ein, die „nicht existent" sind, in denen die Gesetze der Natur außer Kraft gesetzt werden und die Tore zur „anderen Welt" offen stehen.

Die Wilde Jagd und Frau Holle

Die Raunächte sind die Zeit der Wilden Jagd – so wurde das Gefolge Odins oder Wotans genannt, das aus finsteren Gesellen und unerlösten Seelen bestand. Sie zog umher, um die Menschen zu prüfen, zu erschrecken und für Gerechtigkeit und Ausgleich zu sorgen.

Frau Holle ist die weibliche Seite der Raunächte, sie repräsentiert als Muttergöttin die Wiedergeburt des Lichts. Sie wird oft mit der Percht gleichgesetzt, die die dunkle Seite repräsentieren soll und mit einem Gefolge von gruseligen Gestalten umherzieht. Frau Percht wird auch als Gestalt beschrieben, die zwei Masken trägt: eine schöne, glückbringende und eine hässliche, bestrafende. Die beiden Figuren stehen für den Gegensatz von Licht und Dunkel, denn die Zeit der Raunächte markiert den Übergang von der Dunkelheit zurück ins Licht.

Auch die Schicksalsgöttinnen, die drei Nornen Urd, Verdani und Skuld, sind Göttinnen dieser Zeit. Sie spinnen den Lebensfaden des Schicksals aus den Fäden unserer Taten aus Vergangenheit, Gegenwart und Zukunft. In den Raunächten können wir Einblick in den Schicksalsfaden gewinnen und unser Schicksal positiv beeinflussen.

Alte Raunachtsbräuche

Die Raunächte sind sehr stark mit bestimmten Bräuchen und Ritualen verbunden. Einige sind in Vergessenheit geraten, weil sie nicht mehr in die heutige Zeit passen, doch andere werden nach wie vor gerne praktiziert.

- Man stellte früher oft ein Licht ins Fenster, um Dämonen und böse Geister zu vertreiben.
- Es wurde geräuchert, um böse Geister und negative Energien zu vertreiben.
- Eine alte Bauernregel sagt: Wie das Wetter in den Raunächten, so ist das Wetter in den dazugehörigen Monaten.
- Es sollten alle Räder stillstehen.
- Wäsche sollte nicht gewaschen oder draußen zum Trocknen aufgehängt werden, denn man glaubte, das würde Unglück bringen: draußen aufgehängte Bettwäsche könnte Dämonen anziehen, die sich darin verfangen.
- Ausmisten während der Raunächte sollte Unglück bringen.
- Vor Beginn der Raunächte sollte man aufräumen, da Unordnung böse Geister anzieht.
- Geliehenes sollte bis zu den Raunächten zurückgegeben werden.

Wie du diese Zeit für dich nutzen kannst

- Reinigen und räuchern – empfehlenswert sind z. B. Salbei, Weihrauch, Wacholder, Myrrhe, Kampfer, Engelwurz.
- Schulden begleichen und Geliehenes zurückgeben.
- Es ist die Zeit des Loslassens und der Reinigung. Hier hast du Gelegenheit, alten Ballast loszuwerden, deine Angelegenheiten zu klären und frei in das neue Jahr zu starten.
- Rückschau halten: Was war gut im alten Jahr, wofür bin ich dankbar?
- Meditation und innere Einkehr
- Achte auf deine Träume und führe ein Traumtagebuch – ab Seite 30 hast du jeden Tag die Möglichkeit, deine Träume direkt hier ins Workbook einzutragen!

Darf ich in der Zeit der Raunächte keine Wäsche waschen?
Dieser Brauch stammt aus Zeiten, in denen Wäschewaschen schwere körperliche Arbeit war. Ich sehe das nicht so eng. Heute würde auch niemand mehr auf die Idee kommen, dass das Aufhängen weißer Wäsche im Garten Unglück bringt (weil sich darin böse Geister verfangen könnten). Früher, als wilde Tiere wie Wölfe durch die Gegend streiften, mag das durchaus noch Sinn gemacht haben. Ein Brauch ist immer im Kontext der jeweiligen Zeit zu sehen!

Ich bin während der Raunächte gar nicht zu Hause. Wie kann ich das Haus reinigen?
Du musst nicht unbedingt räuchern, wenn es nicht geht. Du kannst die Raunächte auch zur Innenschau, zur Meditation und zum Orakellesen nutzen. An fremden Orten solltest du unbedingt vorher nachfragen, ob Räuchern in Ordnung ist und niemand etwas dagegen hat.

Damit du die Raunächte gut nutzen kannst, um Altes abzuschließen und deine Energie auf Neues zu richten, empfehle ich dir, einige Vorbereitungen zu treffen.

Ordnung schaffen, aufräumen, reinigen

Versuche, bis zum Heiligen Abend möglichst Folgendes zu erledigen:

- alle offenen Angelegenheiten klären: Versprechungen einlösen, Projekte abschließen
- offene Rechnungen bezahlen und Schulden begleichen
- Ausgeliehenes zurückgeben

Manchmal ist das nicht ohne Weiteres möglich, mach dich also nicht verrückt, wenn du nicht ALLES in Ordnung bringen kannst, manche Dinge benötigen einfach mehr Zeit. Erledige einfach das, was du erledigen kannst – damit hast du bereits einen großen Schritt getan!

Putze und reinige deine Wohnung gründlich. Wenn du magst, kannst du ätherische Öle ins Putzwasser geben. Besonders gut geeignet sind Rosenöl oder Orangenöl. Die Zeit bis zu den Raunächten ist auch wunderbar dazu geeignet, auszumisten und zu entrümpeln. Während der Raunächte hingegen solltest du nach Möglichkeit diese Aufgaben nicht mehr erledigen, denn das soll laut Überlieferung Unglück bringen. Außerdem willst du diese Zeit ja auch als kleine Auszeit für dich nutzen (Ausnahme: Du ziehst im nächsten Jahr um und musst am 1. Januar aus der aktuellen Wohnung raus).

Mit diesen Vorbereitungen startest du aufgeräumt, frisch und klar in die Raunächte – auf materieller und energetischer Ebene.

Hilfsmittel vorbereiten

Um die Raunächte möglichst intensiv zu erleben, benötigst du einige Hilfsmittel, die du dir im Voraus besorgen solltest.

Lege dir einen unter anderem einen Vorrat an Räucherwerk an. Insbesondere **weißen Salbei** und **Weihrauch** solltest du dir besorgen. Außerdem wirst du für ein Ritual **Myrrhe** brauchen, die so wie Salbei, eine starke Reinigungswirkung hat. Weiterhin gut geeignet sind **Palo Santo, Wacholder, Kampfer, Lavendel** und **Angelikawurzel (Engelwurz)**. Du kannst auch spezielle Raunachts-Räuchermischungen benutzen oder einfach die Düfte, die du gerne magst. Wenn du selbst Kräuter gesammelt und getrocknet hast, kannst du auch diese sehr gut verwenden.

Für das Räuchern benötigst du außerdem **Räucherkohle** und ein **feuerfestes Räuchergefäß**, das du mit **Sand** füllst. Du kannst Räuchersand aus dem Spezialhandel verwenden oder auch einfach Spielsand aus dem Sandkasten. Verwende aber bitte keinen Vogelsand, denn dieser enthält meist chemische Zusatzstoffe zur Desinfektion. Alternativ kannst du auch natürliche **Räucherstäbchen** zum reinen Räuchern benutzen. Für einige Rituale wirst du dennoch ein feuerfestes Gefäß brauchen, z. B. wenn wir Zettel mit negativen Gedanken verbrennen. Zur Not tut es aber auch ein großer Aschenbecher.

Bereite auch eine Packung **Meersalz** vor, ggf. auch ein Meersalzbad oder ein Meersalzduschgel, sowie nach Belieben **reine ätherische Öle** wie echtes Rosenöl oder Orangenöl. Des Weiteren benötigst du eine **Sprühflasche** – es reicht eine einfache Sprühflasche für Pflanzen. Fülle die Flasche mit reinem Wasser oder alternativ mit Rosenwasser, Lavendelwasser, Wasser mit einem ätherischen Öl oder einer fertigen Duftmischung.

Besorge dir auch ein paar schöne **Kerzen** – im Idealfall auch eine violette Kerze – sowie nach Wunsch einige **Teelichter**.

Meditationsplatz einrichten

Die Raunächte eignen sich besonders zur Meditation und Innenschau. Deshalb richte dir (falls noch nicht vorhanden) einen Meditationsplatz ein, an dem du dich wohlfühlst und ungestört sein kannst. An diesem Ort kannst du auch deine Raunachtsrituale durchführen, wenn du magst.

Orakelkarten oder ähnliches besorgen

Hilfreich für die Vorausschau sind Orakelkarten oder Runen. Auch Tarotkarten sind geeignet. Die Karten helfen dir, deine Träume besser einzuordnen.

Workbook bereitlegen

Lege dir dieses Buch zusammen mit einem Stift neben deinem Bett zurecht. So kannst du direkt nach dem Aufwachen deine Träume aus jeder Raunacht eintragen.

Hast du an alles gedacht?

- [ ] Räucherwerk, z. B. Weihrauch, Salbei, Wacholder, Myrrhe, Kampfer, Engelwurz
- [ ] Räucherkohle
- [ ] feuerfestes Gefäß
- [ ] Sand (Räuchersand oder Spielsand)
- [ ] Streichhölzer bzw. Feuerzeug
- [ ] ggf. Räucherzange
- [ ] Sprühflasche mit Wasser/Rosenwasser/ Lavendelwasser/Wasser mit ätherischem Öl/ Fertigmischung
- [ ] Meersalz; zur Körperreinigung auch ein Meersalzbad oder Meersalzduschgel
- [ ] Stift und Papier

Vom Räuchern: eine Einführung

Das Räuchern ist ein wesentlicher Bestandteil der Raunächte, deren Name sich ja auch von Rauch oder Räuchern ableitet („Rauchnächte"). Im Folgenden möchte ich dir eine kleine Einführung in das Räuchern geben. Es gibt verschiedene Arten zu räuchern – und man kann hier eigentlich nicht viel falsch machen.

Warum räuchert man eigentlich?

Räuchern ist eine Art der energetischen und feinstofflichen Reinigung. Wir reinigen unsere Räume ganz selbstverständlich auf der grobstofflichen Ebene, sei es durch Putzen, Fegen, Ausmisten etc. Mithilfe von Räucherstoffen können wir negative Energien aus unseren Räumen vertreiben und in positive Energien umwandeln. Gerade in Zeiten des Wandels und des Übergangs wie in den Raunächten ist es wichtig, alte Energien zu entlassen, damit Neues kommen kann. Aber auch zu Anlässen wie Trennung, Scheidung, Tod, Krankheit oder Neuanfängen generell ist das Räuchern eine gute Methode, um sich auf Neues vorzubereiten.

Abgesehen davon hat Räuchern auch eine entspannende Wirkung und sorgt für einen guten Duft. Eine andere Möglichkeit der energetischen Reinigung ist die Reinigung mit ätherischen Ölen. Wenn dir das Räuchern also gar nicht liegt, kannst du die entsprechenden Kräuter wie Weihrauch, Salbei etc. auch in Ölform nutzen und in der Duftlampe verdampfen (auch eine gute Alternative bei Allergien!).

Räuchern mit Kohle

Es gibt verschiedene Möglichkeiten zu räuchern. Räuchern mit Kohle ist die klassische Methode für Rituale, bei denen etwas verbrannt wird. Du brauchst dazu Räucherkohle, ein feuerfestes Gefäß und etwas Sand. Nimm die Räucherkohle am besten mit einer Zange, entzünde sie und lege sie in eine feuerfeste, mit Sand gefüllte Schale. Der Sand hilft, die Hitze in der Schale zu halten und die Kohle zu lüften.

Dann wählst du einen Räucherstoff aus, den du auf die Kohle gibst. Das können Harze sein oder spezielle Räuchermischungen. Du kannst auch vorher die Räucherpflanzen im Mörser zermahlen, um ein gleichmäßigeres Ergebnis zu erzielen. Empfindliche Blüten solltest du nicht direkt auf die Kohle legen, sondern eher daneben.

Räuchern mit Räucherstövchen

Für reine Reinigungsrituale bietet sich auch diese Möglichkeiten an. Es gibt spezielle Räuchergefäße, in denen, ähnlich wie bei einer Duftlampe, eine Kerze bzw. ein Teelicht brennt. Über diesem Gefäß ist ein Sieb angebracht, auf das das Räucherwerk aufgelegt wird. Bei Verwendung von Harzen empfiehlt es sich, zusätzlich ein Metallplättchen zu verwenden, auf das die Harze aufgelegt werden, da diese durch die Wärmeentwicklung flüssig werden und das Sieb verkleben können.

Die Rauchbildung ist hier weniger stark als bei der Kohlevariante. Diese Variante eignet sich deshalb auch gut, wenn du Rauch nicht so gut verträgst oder in Räumen mit Rauchmeldern.

Räuchern mit Räucherbündeln

Räucherbündel oder Smudge Sticks sind getrocknete Kräuter, die zu einem Bündel zusammengeschnürt sind. Sie lassen sich leicht an einem Ende anzünden. Dann kannst du mit dem Räucherbündel in der Hand durch die ganze Wohnung gehen und alles ausräuchern. Es empfiehlt sich, unter das Räucherbündel eine Schale zu halten, um herabfallende Asche aufzufangen. Nach Gebrauch solltest du das Bündel in einer feuerfesten Schale mit etwas Sand ausdrücken.

Räucherbündel lassen sich immer wieder verwenden. Gängig ist hier vor allem weißer Salbei. Diese Art der Räucherung ist besonders intensiv und hat eine starke Rauchentwicklung.

Räuchern mit Räucherstäbchen

Das ist mit Sicherheit die einfachste Methode. Die Räucherstäbchen werden in einen Räucherstäbchenhalter gesteckt, an der Spitze angezündet und so lange glühen gelassen, bis sie aufgebraucht sind (oder man sie vorher ausmacht). Hier gibt es gewaltige Qualitätsunterschiede! Am besten verwendest du qualitativ hochwertige Räucherstäbchen, die du lieber im Fachhandel als im Supermarkt oder Drogeriemarkt kaufst.

Wichtig: Die Räucherung niemals unbeaufsichtigt lassen!

Der Räucherablauf

Bevor du mit dem Räuchern beginnst, solltest du zuerst deine Räume aufräumen und putzen, um sie in einen ordentlichen Zustand zu bringen. Dann überlege dir, welche Räucherstoffe du verwenden möchtest. Der eigentliche Räuchervorgang kann dann beispielsweise so ablaufen:

1 Reinigen

Im ersten Durchgang verwendest du einen Räucherstoff mit einer reinigenden Wirkung wie Salbei, Kampfer oder Myrrhe. Achte darauf, dass Türen und Fenster, die nach außen führen, geschlossen sind. Beginne an der Haus- bzw. Wohnungstür. Gereinigt wird immer **gegen den Uhrzeigersinn**. Das heißt, du gehst **linksherum** durch deine Wohnung mit deinem Räuchergefäß, dem Stick oder dem Räucherstäbchen in der Hand. Wenn du magst, kannst du das Gefäß dabei in Form einer harmonischen, liegenden Acht bewegen. Der Rauch sollte dabei im Raum stehen und einwirken. Der Rauch darf beim Reinigen auch richtig aufgehen. Gerade, wenn man das erste Mal räuchert, kann es sehr intensiv sein.

Danach gut lüften und bei Bedarf mit einer Sprühflasche Wasser (pur oder auch gerne mit einem ätherischen Öl versetzt) oder ein spezielles energetisches Spray versprühen, was zusätzlich reinigt und den Rauch entfernt.

2 Aufladen und harmonisieren

Der nächste Schritt ist das **Harmonisieren und Aufladen mit neuer Energie**. Dazu eignen sich Stoffe wie Weihrauch, Styrax oder Tonkabohne sehr gut. Der zweite Durchgang ist in der Regel viel entspannter und leichter. Fenster und Türen können offen oder geschlossen sein. Nun gehst du **im Uhrzeigerinn (rechtsherum)** durch die Räume, auch gerne wieder mit der Handbewegung der liegenden Acht.
Wenn du magst, kannst du im Anschluss wieder mit einer Sprühflasche Wasser oder einer entsprechenden Mischung durch die Räume gehen.

Hinweis zu den Durchgängen

Du kannst auch zweimal mit der gleichen Mischung/dem gleichen Stoff durch den Raum gehen. Wichtig ist, dass du immer sowohl gegen als auch mit dem Uhrzeigersinn gehst. Sonst entsteht eine energetische Leere, die sich zwar wieder auffüllt – aber du hast keine Kontrolle über die Energie, mit der sie sich füllt. So stellst du sicher, dass du wirklich positive Energien hineinbringst.

3 Nachbereitung

Nach den Räuchergängen solltest du dich auf jeden Fall auch selbst reinigen! Am besten machst du das mit einem Meersalzbad oder einer Meersalzdusche und erdest dich so.

Räucherstoffe zur Reinigung

- **Salbei** – hat eine sehr starke feinstoffliche Reinigungskraft
- **Kampfer** – löscht alte Informationen
- **Beifuß** – wehrt negative Energien ab, hilft beim Loslassen und bei Übergängen
- **Wacholder** – vertreibt negative Energien
- **Myrrhe** – desinfiziert, klärt, beruhigt
- **Lavendel** – desinfiziert, klärt, beruhigt

Räucherstoffe zur Aufladung

- **Weihrauch** (verschiedene Sorten) – erhöht die Energie, bringt Segen
- **Engelwurz (Angelikawurzel)** – erhöht die Schwingung und hat starke Schutzwirkung
- **Palo Santo** – fördert die Spiritualität und öffnet den Zugang zur Seele
- **Styrax** – gibt Wärme, Geborgenheit, öffnet für die Liebe
- **Tonkabohne** – gibt Geborgenheit, fördert Träume
- **Fichte** – gibt Geborgenheit, öffnet das Herz
- **Holunder** – Schutzbringer, hilfreich beim Orakeln
- **Johanniskraut** – erhellt das Gemüt, schützt vor dunklen Energien
- **Zeder** – wirkt erdend, begleitend bei Meditationen

Wie lange dauert ein Räuchervorgang?

Je nach Größe der Wohnung bzw. des Hauses kann das Räuchern ein oder mehrere Stunden dauern. Es ist ein intensiver Wandlungsprozess, bei dem du mit Sicherheit Veränderungen spüren wirst.

Hinweise und Vorsichtsmaßnahmen

Wichtig: In der Schwangerschaft nur nach Absprache mit dem:der Ärzt:in räuchern und auch nicht in Anwesenheit von Babys und Kleinkindern räuchern.

Bitte verwende nur feuerfestes Räucherzubehör und lasse die Räucherung niemals unbeaufsichtigt!

Verwende Räucherstoffe von Bio-Qualität. Billige Räucherartikel aus dem Supermarkt enthalten oft Zusatzstoffe, die gesundheitlich nicht ideal sind und auch keine große feinstoffliche Reinigungskraft besitzen.

Träume und Traumerinnerung

Achte in der Zeit der Raunächte besonders auf deine Träume. Man sagt, dass die Träume in diesen Nächten die Ereignisse im neuen Jahr im jeweils zugeordneten Monat voraussagen bzw. einen Einblick in die Leitthemen der Monate geben. Dabei solltest du die Träume bitte nicht wortwörtlich nehmen. Träume sprechen zu dir eher in Bildern, die wenig konkret sind und manchmal auch nur als Symbol zu sehen sind. Manche Symbole, die auf den ersten Blick unheimlich erscheinen, haben aber meist eine ganz harmlose Bedeutung. Es empfiehlt sich, alles zu notieren, was du in dieser Zeit träumst und was dir auch sonst widerfährt. Ab Seite 30 hast du jeden Tag die Möglichkeit, deine Träume und Gedanken in dieses Buch einzutragen.

Und wenn du dich nicht mehr an deine Träume erinnern kannst?

Es kann vorkommen, dass du morgens aufwachst und dich nicht an einen Traum erinnern kannst. Das ist normal und kann passieren – und ist weder positiv noch negativ zu werten. Schreibe einfach alles auf, was dir auffällt, das können auch Informationen zur Schlafqualität oder Angaben zu deiner Stimmung beim Aufwachen sein.

Folgende Tipps können deine Traumerinnerung unterstützen:

- Du kannst dir vor dem Schlafengehen die Intention setzen, dich an deine Träume zu erinnern. Sage dir zum Beispiel: „Ich erinnere mich an meine Träume."
- Lege dir dieses Buch mit der Eintrageseite für die jeweilige Nacht offen neben deinem Bett zurecht und schreibe direkt nach dem Aufwachen auf, woran du dich erinnerst.
- Wenn du deine Träume aufschreibst, beginne nach Möglichkeit nicht in der obersten Zeile, sondern eher mittig und lasse nach oben hin etwas Platz. Es kann nämlich sein, dass dir im Zuge des Aufschreibens Details einfallen, die zeitlich vorher lagen.
- Du musst keine ausformulierten Sätze schreiben, Stichworte reichen auch.
- Achte darauf, dass du abends nicht total übermüdet oder erschöpft ins Bett fällst. Das kann die Traumerinnerung stören.
- Alkohol kann die Erinnerung beeinflussen (Das heißt nicht, dass du an Silvester nichts trinken darfst. Sei dir einfach nur bewusst, dass es evtl. Auswirkungen auf die Erinnerung haben kann und mach dich deshalb nicht verrückt.).
- Auch Medikamente können die Erinnerung beeinflussen. Nach Möglichkeit solltest du auf Schlaftabletten verzichten. **Bitte aber nicht auf notwendige Medikamente verzichten!**
- Gut geeignet sind Yogaübungen zur Entspannung vor dem Schlafengehen. Auf meinem YouTube-Channel (@YogamitMartina) und auf meiner Website (www.yogamitmartina.de) findest du einige Übungen dazu.
- Meide etwa eine halbe Stunde vor dem Einschlafen und nach dem Aufwachen elektronische Geräte mit Bildschirmen wie Handys, Laptops und Fernseher. Sie können die Erinnerungen an die Nacht stören.
- Springe morgens nicht wie gehetzt aus dem Bett! Bevor du aufstehst, verbringe gerne noch etwas Zeit im Bett, vielleicht mit deiner Lieblings-Yogaübung oder einfach mit Dösen. Stelle dir dazu gerne den Wecker etwas früher.
- Es empfiehlt sich auch, Partner oder Partnerin zu informieren. Ich bitte meinen Partner, mich morgens erst mal nicht anzusprechen, bis ich meine Träume notiert habe.

Wintersonnenwende und die vorbereitenden Nächte

Die Wintersonnenwende oder Julnacht ist die längste Nacht des Jahres und fällt auf der Nordhalbkugel auf den **21. oder 22. Dezember**. Sie markiert einen Wendepunkt – die Wiedergeburt des Lichts – und leitet die Raunächte ein. Sie ist gleichzeitig auch eine Nacht der Visionen. In einigen Überlieferungen beginnen die Raunächte mit der Wintersonnenwende und enden am 2. Januar.

Die Wintersonnenwende wird auch Jul, Yul oder Jol genannt. Der Begriff Jul leitet sich ab von einem Beinamen des Gottes Odin, Jolnir (Gott des Jul Festes). An Jul wird die Wiedergeburt des Lichtes, des Sonnenkindes, gefeiert. In der dunkelsten Nacht des Jahres gebärt die Göttin das Sonnenkind. Man nennt diese Nacht deshalb auch „Mutternacht" oder „geweihte Nacht", „Weihnacht" oder „Heilige Nacht". Die christliche Kirche hat das Fest auf den 24. Dezember verschoben und feiert an diesem Tag die Geburt von Jesus Christus. Ursprünglich wurde diese am 6. Januar, dem heutigen Dreikönigstag, gefeiert (in der griechisch-orthodoxen Kirche ist das auch heute noch so).

Nach der Wintersonnenwende geht es wieder aufwärts, die Tage werden Schritt für Schritt länger. Durch das Anzünden von Feuer oder Kerzen wird das gefeiert. Das Haus wird mit grünen Zweigen geschmückt, die die Wiederkehr der Natur symbolisieren sollen (auch der Brauch, Adventskränze und Weihnachtsbäume aufzustellen, ist in diesem Zusammenhang entstanden).

Und so wie das Licht neu erweckt wird, so erwacht auch unsere innere Kraft. Wenn im Außen der Winter beginnt, haben wir das Wissen, dass gleichzeitig unter der dichten Schneedecke Neues wächst.

Folgende Rituale kannst du heute oder in den folgenden Nächten bis Heiligabend durchführen.

Dein Ritual für heute

- Loslass-Ritual.
- Räuchere und reinige deine Räume.
- Ziehe eine Orakelkarte für das kommende Jahr.
- Entzünde eine Kerze für das neue Jahr (Jul-Kerze).
- Schreibe eine Wunschliste für das neue Jahr – sehr schön ist hierfür das „13-Wünsche-Ritual" (s. Seite 22).

Diese Fragen kannst du dir heute stellen

- Welche Ereignisse und Erfahrungen haben das vergangene Jahr geprägt? Was habe ich im vergangenen Jahr gelernt?
- Was waren meine größten Erfolge und Herausforderungen? Was kann ich aus diesen Erfahrungen für das kommende Jahr lernen?
- Was hat sich bereits Neues angekündigt?
- Was wünsche ich mir für das neue Jahr? Welche neuen Samen möchte ich in mir für das kommende Jahr pflanzen?
- Welche alten Überzeugungen oder Gewohnheiten möchte ich loslassen, um Platz für neues Wachstum zu schaffen?
- Welche Bereiche meines Lebens benötigen mehr Licht und Energie?

Loslass-Ritual

Du brauchst für dieses Ritual:

- Zettel und Stift
- Räuchergefäß (alternativ: feuerfestes Gefäß, z. B. Aschenbecher)
- Räuchermischung (z. B. Salbei und Myrrhe) – falls nicht verfügbar, geht es aber auch ohne

Durchführung: Schreibe alles auf, was du **nicht** ins neue Jahr mitnehmen möchtest, und verbrenne den Zettel in einem feuerfesten Räuchergefäß mit einer Räuchermischung.

Ideale Räucherstoffe für die Wintersonnenwende

- Weihrauch, Beifuß, Mistel, Fichte
- Johanniskraut, das zur Sommersonnenwende geerntet wurde, wirkt stimmungsaufhellend!

Einweihung der Jul-Kerze

Zu Jul wird traditionell eine Jul-Kerze eingeweiht. Sie sollte möglichst groß sein, damit sie während des gesamten Jahres oft angezündet werden kann. Sie ist eine Glückskerze und sendet gute Energien aus. Idealerweise verwendest du eine weiße Kerze, aber es ist auch jede andere Farbe möglich, die eine positive Wirkung auf dich hat.

Falls du bereits eine Jul-Kerze vom Vorjahr hast: Zünde die alte Kerze an und lasse sie abbrennen. Kurz vor dem vollständigen Abbrennen entzündest du die neue Kerze an der Flamme der alten – somit geht das Licht nie aus.

Falls es deine erste Jul-Kerze ist: Entzünde die neue Kerze und weihe sie ein. Du kannst dazu einfache Weiheworte sprechen wie: „Mögest du mir Glück und gute Energien bringen." Oder: „Mögest du mir Kraft und Gesundheit bringen." Finde Worte, die für dich stimmig sind!

Das 13-Wünsche-Ritual

Du brauchst für dieses Ritual:

- Stift und Papier
- 13 kleine Zettel

- Schreibe auf der gegenüberliegenden Seite eine Liste mit Wünschen, die sich für dich im nächsten Jahr erfüllen sollen.
- Wähle aus diesen Wünschen 13 aus.
- Schreibe diese 13 Wünsche jeweils auf einen Zettel. Diese Zettel werden dich in den Raunächten begleiten.
- Falte die Zettel so, dass du den Inhalt nicht mehr lesen kannst, und gib sie in ein Gefäß, das du auf deinem Raunachtsaltar aufbewahrst.
- In jeder Raunacht ziehst du nun einen Zettel aus dem Gefäß und verbrennst ihn, ohne ihn angeschaut zu haben (mit oder ohne Räuchermischung). Damit übergibst du den Wunsch an das universelle Bewusstsein. Die Asche kannst du entweder entsorgen oder in die Erde geben, wie einen Samen, den du säst.
- In der letzten Raunacht ist ein Zettel übrig. Diesen letzten Zettel öffnest du: Das ist ein Wunsch, um den du dich selbst kümmern darfst.

Tipp: Wenn du die Zettel nicht verbrennen kannst oder willst, kannst du sie auch einfach zerreißen (ohne sie vorher anzuschauen!). Beim Verbrennen geht es darum, sich von den Wünschen zu entkoppeln und sie höheren Mächten zu übergeben. Auch durch das Zerreißen der Zettel entkoppelst du dich von deinen Wünschen und überlässt dem Universum ihre Erfüllung. Stelle dir beim Zerreißen bildlich vor, wie du die Wünsche dem Universum übergibst.

Alternativ kannst du auch alle zerrissenen Wünsche-Zettel gemeinsam in der letzten Raunacht (einer Schlüsselnacht) draußen im Freien feierlich verbrennen.

Meine 13 Wünsche

DIE 12 HEILIGEN NÄCHTE

25. Dezember: Erste Raunacht

Samen säen

Die erste Raunacht steht für das Tierkreiszeichen des **Steinbocks/Saturn**. Der Steinbock besitzt ein großes Durchhaltevermögen, nimmt gerne Herausforderungen an, und bleibt dennoch mit beiden Beinen am Boden. Sein Element ist die Erde und mit dieser ist er verbunden. Er steht für Kontinuität, Stabilität und für Selbstverantwortung.

Die erste Raunacht ist am 25. Dezember, dem ersten Weihnachtsfeiertag. Sie steht für den Monat **Januar**, den ersten Monat des Jahres. Sein Thema ist das langsame, behutsame Ankommen im neuen Jahr. Es ist die Zeit, in der die Vorbereitungen dafür getroffen werden, dass unsere guten Vorsätze auch wirklich in die Tat umgesetzt werden. Oft sind wir ungeduldig und können es nicht erwarten, in die Umsetzung zu gehen. Doch manchmal benötigen wir auch etwas Geduld, denn womöglich ist die Zeit noch nicht reif und es bedarf noch einiger Vorbereitung. Und so soll auch dieser Tag zur Vorbereitung auf die kommenden Raunachtstage und das neue Jahr dienen.

Heute, in der ersten Raunacht, wollen wir den Samen säen und die Grundlage legen für das neue Jahr. Außerdem wollen wir ein kleines Reinigungsritual durchführen, mit dem wir uns, unseren Körper, aber auch die Wohnung energetisch reinigen.

Datum: 25. Dezember (0:00 – 23:59 Uhr)
Thema: Grundlage, Basis, Stabilität, Wurzeln
Steht für den Monat: Januar
Astrologisches Tierkreiszeichen: Steinbock

Dein Ritual für heute

- Schreibe direkt nach dem Aufstehen deine Träume auf.
- Ziehe eine Orakelkarte, um das Thema für den kommenden Januar zu erfahren, und schreibe es auf.
- Meditiere über deine Ziele für das neue Jahr.
- Schreibe am Abend alle Erkenntnisse und Ereignisse des Tages auf.
- Reinigen und Räuchern.
- Verbrenne den ersten 13-Wünsche-Zettel.

Diese Fragen kannst du dir heute stellen

- Welchen Samen möchte ich säen für das neue Jahr?
- Was ist mein Ziel für das neue Jahr?
- Was möchte ich im neuen Jahr erreichen und verwirklichen?
- Was möchte ich loslassen?

Affirmation:

„Ich bin bereit, das alte Jahr abzuschließen und mich für das neue zu öffnen."

Reinigen und Räuchern

Räucherung mit Salbei

Entzünde weißen Salbei in einem feuerfesten Gefäß (alternativ mit Räucherstäbchen oder Stövchen) und hülle dich mit dem heilsamen Rauch ein. Nun räucherst du von der Haustür beginnend **gegen** den Uhrzeigersinn alle Räume aus. In einer zweiten Runde gehst du mit einer aufladenden Mischung (z. B. Weihrauch oder Tonkabohn) **im** Uhrzeigersinn durch deine Räume.

Meersalzbad

Nimm ein Bad mit Meersalz und wasche darin alles Alte ab. Meersalz ist besonders gut geeignet, da Salz die Fähigkeit hat, Energiefelder auszugleichen und schwere Energien zu binden. Während du im Salz badest, stelle dir vor, wie alle dunklen Energien sich auflösen und dein Energiefeld wieder heller wird. Bade 10–15 Minuten oder solange es für dich angenehm ist.

Alternative:
Solltest du keine Badewanne haben, kannst du auch mit Meersalz (bzw. einem Meersalz-Duschgel oder Meersalz-Peeling) duschen. Stelle dir auch hier vor, wie dein Energiefeld gereinigt wird.

Dein erster 13-Wünsche-Zettel

Heute ist die erste Raunacht, in der du deinen Wunschsamen säst. Nimm dir am Abend des heutigen Tages etwas Zeit dafür.

Ziehe dann einen Zettel aus dem Gefäß mit den 13 Wünschen. Verbrenne ihn, ohne ihn angeschaut zu haben (mit oder ohne Räuchermischung). Damit übergibst du den Wunsch an das universelle Bewusstsein. Die Asche kannst du entsorgen oder auch wie einen Samen in die Erde geben.

Falls du den Zettel nicht verbrennen kannst oder willst, zerreiße oder zerschneide ihn.

Erste Raunacht

Deine Träume der ersten Raunacht

Beobachtungen/Ereignisse während der Raunacht

Orakelkarte/besondere Zeichen

Beobachtungen/Ereignisse im Monat Januar

26. Dezember: Zweite Raunacht

Inneres Licht

Die zweite Raunacht steht für das Tierkreiszeichen des **Wassermanns/Uranus**. Der Wassermann ist ein Luftzeichen, er steht für den reinen Geist. Er ist kreativ, bricht strenge Regeln auf, strebt nach Freiheit und Befreiung, steht für Individualität, Veränderung, Rebellion und Einzigartigkeit.

Die heutige Raunacht ist energetisch dem Monat **Februar** zugeordnet. So langsam nähern wir uns bereits dem Frühling, die Tage werden wieder länger. In der Nacht vom 1. auf den 2. Februar wird das Fest Imbolc gefeiert, ein Fest der Reinigung und Fruchtbarkeit. Außerdem wird auch der Geburtstag der Göttin Brigid, der Göttin des Lichts, gefeiert. In der christlichen Tradition ist dieser Tag als Mariä Lichtmess bekannt.

Die Samen sind gesät und warten bereits darauf, vom Licht und von der Wärme geweckt zu werden. Und so ist auch das heutige Thema die Verbindung mit dem inneren Licht, mit dem höheren Selbst. Wir fokussieren uns aber auch darauf, mit uns selbst in Frieden zu sein und darauf zu vertrauen, dass der Samen für das Neue bereits in der Erde ruht.

Datum: 26. Dezember (0:00 – 23:59 Uhr)
Thema: innere Führung, höheres Selbst, Selbstbehauptung, Zielstrebigkeit
Steht für den Monat: Februar
Astrologisches Tierkreiszeichen: Wassermann

Dein Ritual für heute

- Schreibe direkt nach dem Aufstehen deine Träume auf.
- Ziehe eine Orakelkarte, um das Thema für den kommenden Februar zu erfahren, und schreibe es auf.
- Gehe in die Stille und verbinde dich mit deiner inneren Stimme.
- Schreibe am Abend alle Erkenntnisse und Ereignisse des Tages auf.
- Wenn du magst, kannst du auch heute wieder räuchern, z. B. mit Weihrauch, Myrrhe oder Lavendel, oder ein Meersalzbad nehmen.
- Verbrenne den zweiten 13-Wünsche-Zettel.

Diese Fragen kannst du dir heute stellen

- Welche Visionen und Ideen möchte ich umsetzen?
- Wie kann ich meinen Geist für neue Möglichkeiten öffnen?
- Was hilft mir, mich an mein inneres Licht zu erinnern?
- Wie lebe ich meine Einzigartigkeit?
- In welchem Lebensbereich wünsche ich mir eine Veränderung?
- Was hindert mich daran, meine Träume zu verfolgen?

Affirmation:

„Ich bringe meine einzigartige Vision und mein Licht in die Welt."

Gehe in die Stille

Die Raunächte sind eine Zeit des Rückzugs, der Stille, der inneren Einkehr. Nimm dir bewusst Zeit, in die Stille zu gehen. Nimm dir Zeit nur für dich, vielleicht gehst du in die Natur oder zu deinem Meditationsplatz, und nimm deinen Atem wahr. Wenn Gedanken aufkommen, nimm sie wahr, aber lass sie wieder vorbeiziehen.

Kleine Achtsamkeitsmeditation

Komme in eine angenehme aufrechte Sitzhaltung deiner Wahl: das kann der Schneidersitz sein oder eine andere Sitzposition, die sich für dich gerade gut und stimmig anfühlt. Spüre deinen Körper verwurzelt mit der Unterlage, auf der du sitzt. Wenn du magst, schließe die Augen.

Spüre bewusst deinen Körper. Vielleicht kannst du noch irgendwo eine Anspannung spüren? Atme tief aus und lasse locker. Mit jedem Atemzug lässt du ein wenig mehr Anspannung los, wirst lockerer und weicher.

Kannst du deinen Atem spüren? Wo spürst du ihn am besten? In der Nase, im Brustbereich oder im Bauch? Egal, wo du ihn spürst, bringe deine Aufmerksamkeit genau dort hin. Nun gibt es erst einmal nichts zu tun, außer deinen Atem bewusst zu spüren – und vielleicht wahrzunehmen, was dabei in deinem Körper passiert. Spürst du Wärme? Oder Kühle? Bewegung? Fließen? Es gibt kein Richtig oder Falsch, einfach nur spüren.

Und auch wenn Gedanken da sind, dann begrüße sie und lasse sie mit dem nächsten Ausatmen vorbeiziehen – wie kleine Wolken am Himmel. Sie dürfen da sein, aber sie dürfen auch wieder gehen. Genau wie der Atem kommt und geht. Und immer wieder, wenn die Gedanken kommen, wenn du abgelenkt bist, bringe deine Aufmerksamkeit zurück zum Atem, spüre deinen Atem.

Um die Meditation zu beenden, nimm einen tiefen Atemzug. Dann bring ein wenig Bewegung in deinen Körper, recke dich, strecke dich. Lasse dir Zeit.

Zweite Raunacht

Deine Träume der zweiten Raunacht

Beobachtungen/Ereignisse während der Raunacht

Orakelkarte/besondere Zeichen

Beobachtungen/Ereignisse im Monat Februar

27. Dezember: Dritte Raunacht

Herzöffnung & Wunder

Die dritte Raunacht steht für das Tierkreiszeichen der **Fische/**des **Neptun**. Fische stehen für Gefühl, Anteilnahme, Verbundenheit, Mitgefühl, selbstloses Handeln, Vertrauen und Sensibilität.

Die dritte Raunacht ist dem Monat **März** zugeordnet. Das Monatsthema ist die Öffnung für den Neubeginn. Das Wunder der Natur beginnt sich zu zeigen: langsam beginnen die ersten Knospen und Pflanzen zu sprießen, die Natur erwacht wieder aus dem Winterschlaf.

Am 20. oder 21. März feiert man Ostara, die Frühlingstagundnachtgleiche und den Frühlingsanfang.

Und so ist das heutige Thema, sich dem Wunder zu öffnen, sein Herz zu öffnen für den Neubeginn. Zeit, einmal innezuhalten und sich mit seinem Herzen zu verbinden.

Datum: 27. Dezember (0:00 – 23:59 Uhr)
Thema: Mitgefühl, Annahme, Verbindung, Herzöffnung
Steht für den Monat: März
Astrologisches Tierkreiszeichen: Fische

Dein Ritual für heute

- Schreibe direkt nach dem Aufstehen deine Träume auf.
- Ziehe eine Orakelkarte, um das Thema für den kommenden März zu erfahren, und schreibe es auf.
- Schreibe am Abend alle Erkenntnisse und Ereignisse des Tages auf.
- Wenn du heute räuchern möchtest, kannst du gerne wieder eine Räucherung mit weißem Salbei, Styrax (sparsam verwenden, da sehr intensiv!) oder Rosenweihrauch durchführen.
- Verbrenne den dritten 13-Wünsche-Zettel.

Diese Fragen kannst du dir heute stellen

- Was ist mein Herzenswunsch? Was macht mir Freude?
- Was nährt mich? Was tut mir gut? Was erfüllt mich?
- Welche Schritte kann ich unternehmen, um meine Wünsche zu manifestieren?
- Was hilft mir, mich zu entfalten und was hindert mich daran?
- Wie kann ich meine kreativen Fähigkeiten nutzen?
- Wie kann ich meine Intuition stärken?
- Wie kann ich mehr Mitgefühl in mein Leben bringen?

Affirmation:

„Ich öffne mich meinem Herzenswunsch und ziehe positive Energien an, die meine Wünsche unterstützen."

Herzmeditation

Atme Licht in dein Herz und stelle dir vor, dass es sich wie eine Rose öffnet und Liebe hereinströmt. Spüre in dein Herz: Welche Wünsche wohnen tief in deinem Herzen? Visualisiere, wie dein Wunsch wahr wird und nimm ihn mit deinem Körper und allen Sinnen wahr: Was kannst du sehen – hören – schmecken – riechen – fühlen? Wie sieht dein Leben aus, wie riecht es, schmeckt es, fühlt und hört es sich an, wenn dein Wunsch Wirklichkeit wird?

- Schreibe dir deinen Wunsch auf und finde Bilder, die du mit deinem Herzenswunsch verbindest. Vielleicht magst du auch kreativ sein, ihn aufmalen oder eine Collage basteln?

- Welche Schritte helfen mir, meinen Wunsch Wirklichkeit werden zu lassen?

Dritte Raunacht

Deine Träume der dritten Raunacht

Beobachtungen/Ereignisse während der Raunacht

Orakelkarte/besondere Zeichen

Beobachtungen/Ereignisse im Monat März

28. Dezember: Vierte Raunacht

Aufbruch & Wandel

Die vierte Raunacht steht für das Tierkreiszeichen des **Widders/Mars**. Sein Element ist das Feuer. Der Widder steht wie kein anderes Tierkreiszeichen für Neubeginn, Neuanfang, Durchsetzungskraft, Aufbruch und Selbstbestimmung.

Die vierte Raunacht ist dem Monat **April** zugeordnet. Er ist ein sehr wandel- und wechselhafter Monat, oft unberechenbar, die ständigen Wetterschwankungen können aufs Gemüt schlagen und erfordern viel Gelassenheit. Und so wie die Natur im Wandel ist, wandelt sich auch alles um uns herum – und diesen Wandel brauchen wir auch, damit Neues entstehen kann. Altes darf gehen, um Platz zu schaffen für Neues.

Datum: 28. Dezember (0:00 – 23:59 Uhr)
Thema: Lebenskraft, Unterstützung, Wandel, Neubeginn, Aufbruch
Steht für den Monat: April
Astrologisches Tierkreiszeichen: Widder

Tag der unschuldigen Kinder
Außerdem ist heute eine Schlüsselnacht, der Tag der unschuldigen Kinder. Hier kannst du alles, was in den vergangenen Nächten nicht gut gelaufen ist, auflösen.

Laut Bibel ließ an diesem Tag König Herodes alle männlichen Kleinkinder in und um Betlehem töten, in der Hoffnung, dass Jesus, in dem er einen rivalisierenden Thronanwärter sah, unter den Getöteten sein würde. An diesem Tag mussten viele unschuldige Kinder sterben. Symbolisch steht dieses Ereignis für die Unterdrückung des Neuen durch das Alte.

Dein Ritual für heute

- Schreibe direkt nach dem Aufstehen deine Träume auf.
- Ziehe eine Orakelkarte, um das Thema für den kommenden April zu erfahren, und schreibe es auf.
- Reinigungsmeditation: Stelle dir eine violette Flamme vor, die alles verbrennt.
- Reinigungsritual: Negatives verbrennen.
- Schreibe am Abend alle Erkenntnisse und Ereignisse des Tages auf.
- Verbrenne den vierten 13-Wünsche-Zettel.

Diese Fragen kannst du dir heute stellen

- Welche alten Gewohnheiten oder Verhaltensweisen möchte ich loslassen?
- Welche negativen Gedanken oder Überzeugungen halten mich zurück?
- Wie kann ich mein Leben mit positiven Energien und Gewohnheiten füllen?
- Wie kann ich meine Energie optimal nutzen? Wer oder was schenkt mir Energie? Wer oder was raubt mir Energie?
- Was sind meine Stärken und wie kann ich sie nutzen?

Affirmation:

„Ich befreie mich von allem, was mich einschränkt und hindert, und bin offen für positive Veränderungen und Wachstum in meinem Leben."

Reinigungsritual: Negatives verbrennen

Du brauchst für dieses Ritual:

- Zettel und Stift
- feuerfestes Gefäß
- Reinigungsmischung (z. B. Kampfer oder Salbei)
- ggf. violette oder schwarze Kerze

Heute kannst du alles, was in den vergangenen Nächten nicht gut gelaufen ist, auflösen. Wenn du magst, entzünde eine violette oder schwarze Kerze.

Schreibe nun alles Negative, alle Störungen, alle störenden negativen Gedanken, Gefühle und Handlungen der letzten Tage auf, die deinem Ziel im Weg standen. Welche Altlasten, Erinnerungen, Überzeugungen, gescheiterte Vorhaben, geplatzte Wünsche und Träume stehen deinem Ziel im Weg?

Formuliere all das auf einem anderen Zettel ins Positive um und verbrenne den negativen Zettel in einem feuerfesten Gefäß mit der Räuchermischung. Die Asche des negativen Zettels entsorgst du mit dem Hausmüll oder vergräbst ihn (aber nicht im eigenen Garten!). Den positiven Zettel kannst du an einem schönen Ort aufbewahren oder zusammen mit deinem Wunschsamen säen.

Bitte die Kerze am Ende nicht auspusten, sondern z. B. mit einem Kerzenlöscher ausmachen. Wenn du die Kerze auspustest, pustest du auch die entstandene Energie davon.

Reinigungsmeditation

Stelle dir eine violette Flamme vor, die alles Ungute verbrennt. Die violette Flamme ist eine spirituelle Energie, die eine hoch reinigende Wirkung hat, da sie die energetischen Abdrücke auf allen Ebenen zu reinigen vermag. Sie kann negative Energien und Gedanken, alte Muster, Gewohnheiten, Glaubenssätze, Blockaden auflösen und umwandeln und auf eine energetisch höher schwingende Ebene heben. Sie kann Gefühle wie Wut, Ärger, Frustration, Verwirrtheit, das Gefühl, festgefahren zu sein, verwandeln in Gefühle von Leichtigkeit, Klarheit und Liebe.

Wenn wir negative Energien nicht lösen, dann blockieren sie uns, wir haben wenig Energie für unsere Ziele und sie können auch Krankheiten und schlechte Stimmungen hervorrufen.

Du kannst diese Meditation nutzen, um Stressgefühle zu lindern, das Gefühl von Festgefahrensein oder Unsicherheit lösen oder einfach, um dich besser zu fühlen.

Falls du Probleme mit dieser Meditation hast, kannst du dir auch Hilfe holen und dich an dein Höheres Selbst, einen geistigen Führer, Weisen, Engel oder ein Krafttier wenden, um dich zu begleiten.

Vierte Raunacht

Deine Träume der vierten Raunacht

Beobachtungen/Ereignisse während der Raunacht

Orakelkarte/besondere Zeichen

Beobachtungen/Ereignisse im Monat April

29. Dezember: Fünfte Raunacht

Freundschaft & Selbstliebe

Die fünfte Raunacht steht für das Tierkreiszeichen des **Stiers/**der **Venus**. Der Stier gehört zum Element Erde und repräsentiert unseren Körper, unsere Gestalt. Der Stier steht für Sinnlichkeit, Beharrlichkeit, Ausdauer, Sicherheitsstreben, Selbstliebe, Liebe zur Natur und Achtsamkeit.

Datum: 29. Dezember (0:00 – 23:59 Uhr)
Thema: Beziehungen und Freundschaften pflegen, Selbstliebe, Achtsamkeit
Steht für den Monat: Mai
Astrologisches Tierkreiszeichen: Stier

Die fünfte Raunacht symbolisiert den Monat **Mai**. Der Frühling steht in voller Blüte, die Fülle des Lebens ist greifbar. Es ist eine Zeit der Freude, des Glücks, die wir nicht nur allein, sondern zusammen mit anderen erleben. Das Thema für heute ist Freundschaft und Selbstliebe – dabei geht es nicht nur um Freundschaft zu anderen Menschen, sondern auch zu uns selbst.

In der Nacht vom 30. April auf den 1. Mai oder in der Nacht zum Maivollmond (dem 5. Vollmond nach Jul) wird Beltane gefeiert, das Fruchtbarkeitsfest und der keltische Sommeranfang.

Dein Ritual für heute

- Schreibe direkt nach dem Aufstehen deine Träume auf.
- Ziehe eine Orakelkarte, um das Thema für den kommenden Mai zu erfahren, und schreibe es auf.
- Metta-Meditation.
- Verbringe heute Zeit mit jemandem, den du liebst!
- Schreibe am Abend alle Erkenntnisse und Ereignisse des Tages auf.
- Wenn du heute räuchern möchtest, kannst du gerne eine Räucherung mit weißem Salbei, Lavendel, Jasmin, Rosenblättern, Orangenblüten, Mädesüß oder Ylang Ylang durchführen (oder auch all dem, was dir guttut!).
- Verbrenne den fünften 13-Wünsche-Zettel.

Diese Fragen kannst du dir heute stellen

- Wer sind meine Freunde? Wer tut mir gut? Mit wem bin ich gerne zusammen? Welche Verbindungen und Beziehungen sind mir wichtig?
- Wie kann ich meine zwischenmenschlichen Beziehungen stärken und pflegen?
- Bin ich selbst mein bester Freund? Wie kann ich „Ja“ zu mir selbst sagen? Was brauche ich, um mir selbst zu vergeben, um mich selbst zu lieben?
- Was sind meine materiellen und emotionalen Bedürfnisse?
- Wie kann ich mehr Genuss in mein Leben bringen?
- Wo brauche ich mehr Stabilität?

Affirmation:

„Ich bin offen für liebevolle und unterstützende Beziehungen in meinem Leben.“

Metta-Meditation

Metta oder maitri ist eine der „Vier Unermesslichen“ (Brahmavihāras) im Buddhismus und bedeutet so viel wie liebende Güte (oder auch Mitgefühl, Mit-Freude, Gleichmut; auf engl. „Loving Kindness“) – eine Art von Liebe, die nicht in Begierde wurzelt, sondern am Glück aller interessiert ist.

Diese Art der Meditation ist ein wunderbares Tool, um Selbstliebe zu praktizieren und von negativen Gedanken loszukommen. Hier geht es darum, Liebe und Mitgefühl an andere Menschen und sogar die ganze Welt zu senden. Es gibt verschiedene Versionen der Metta-Meditation. Heute wollen wir Mitgefühl für uns selbst entwickeln.

Durchführung:
Stelle dir einen Timer auf 5-10 Minuten. Finde eine bequeme Sitzhaltung deiner Wahl. Deine Augen können geöffnet oder geschlossen sein. Lass alle Anspannung gehen und konzentriere dich ganz auf deinen Atem. Bringe deine Aufmerksamkeit zu deinem Herzbereich und erinnere dich an Gefühle von Liebe und Freundlichkeit. Lasse diese Gefühle sich in deinem Herzen ausbreiten und wiederhole dir diese Affirmationen für dich selbst – wenn du magst, kannst du sie auch auf andere ausweiten.
Möge ich erfüllt sein von Liebe und Mitgefühl.
Möge ich friedlich sein.
Möge ich glücklich sein.
Möge ich gesund sein.
Möge ich frei sein.

Wenn du etwas erfahrener mit Metta bist, kannst du diese Affirmationen auch auf andere ausweiten:

1. nahestehende Wesen (Familie, Freunde, Haustiere)
2. neutrale Wesen (flüchtige Bekannte)
3. Wesen, die du nicht magst
4. alle Wesen

Räucherung mit Rosenblättern, Orangenblüten oder Lavendelblüten

Du kannst für die Räucherung ein Räucherstövchen oder ein Räuchergefäß verwenden. Falls du mit dem Stövchen arbeitest, entzünde zuerst ein Teelicht darunter. Falls du das Gefäß benutzt, lass erst die Räucherkohle gut durchglühen. Lege dann die Blüten, die du räuchern möchtest, auf ein Sieb oder neben die Kohle. Lasse den Rauch aufsteigen und fächere ihn dir über Gesicht und Körper, zum Beispiel mit einer Feder.

Fünfte Raunacht

Deine Träume der fünften Raunacht

Beobachtungen/Ereignisse während der Raunacht

Orakelkarte/besondere Zeichen

Beobachtungen/Ereignisse im Monat Mai

30. Dezember: Sechste Raunacht

Bereinigung & Loslassen

Die sechste Raunacht steht für das Tierkreiszeichen der **Zwillinge/**des **Merkur**. Die Zwillinge sind dem Element Luft zugeordnet, sie stehen für Kommunikation, Bewegung, Flexibilität, Offenheit und Neugier. Zwillinge stehen auch in gewissem Sinne für Balance, denn sie symbolisieren die Dualität des Lebens, Yin und Yang.

Datum: 30. Dezember (0:00 – 23:59 Uhr)
Thema: Bereinigung, Loslassen, Balance, Rückschau
Steht für den Monat: Juni
Astrologisches Tierkreiszeichen: Zwillinge

Nun sind wir in der Mitte der Raunächte und in der Mitte des Jahres angekommen: Die sechste Raunacht steht für den Monat **Juni**, in dem der Frühling in den Sommer übergeht. Die Tage werden immer länger, bis die Sonne am 21. Juni ihren höchsten Stand erreicht hat: Es ist Mittsommernacht oder Sommersonnenwende, der längste Tag und die kürzeste Nacht des Jahres, das Gegenstück zur Wintersonnenwende, die wir gerade hinter uns haben.

Die Sommersonnenwende erinnert uns trotz aller Freude und Heiterkeit auch an die Vergänglichkeit, denn sie markiert den Übergang vom Licht in die Dunkelheit. Wir sind in den Wandel der Zeiten eingebettet, wo Licht ist, ist auch Schatten, alles ist in allem vorhanden, Yin und Yang. Und genauso stehen wir heute auch kurz vor dem Übergang ins neue Jahr: Ich möchte dich einladen, Yin und Yang in Balance zu bringen, Beziehungen zu klären, zu vergeben, zu reinigen. Heute ist auch wieder ein guter Tag zur Reinigung und Räucherung.

Dein Ritual für heute

- Schreibe direkt nach dem Aufstehen deine Träume auf.
- Ziehe eine Orakelkarte, um das Thema für den kommenden Juni zu erfahren, und schreibe es auf.
- Schreibe am Abend alle Erkenntnisse und Ereignisse des Tages auf.
- Räuchern & Reinigen.
- Loslassritual.
- Verbrenne den sechsten 13-Wünsche-Zettel.

Diese Fragen kannst du dir heute stellen

- Was kann ich loslassen? Wovon kann ich mich befreien?
- Was ist noch nicht vergeben? Was braucht noch einen Abschluss?
- Welche positiven Veränderungen habe ich im vergangenen Jahr erfahren?
- Wofür bin ich dankbar im vergangenen Jahr?
- Welche Intentionen und Ziele habe ich für das kommende Jahr?

Affirmation:

„Ich schließe das alte Jahr in Dankbarkeit ab und begrüße das neue Jahr mit Freude und Offenheit."

Räuchern und Reinigen

Heute ist wieder ein guter Tag für eine Reinigungsräucherung. Räume auf, reinige deine Wohnung und räuchere.

Loslassen

Du brauchst für dieses Ritual:

- Zettel und Stift
- Räuchergefäß
- Räuchermischung (z. B. Salbei und Myrrhe)

Schreibe alles auf, was du nicht ins neue Jahr mitnehmen möchtest, und verbrenne den Zettel in einem feuerfesten Räuchergefäß mit einer Räuchermischung.

BYE

Sechste Raunacht

Deine Träume der sechsten Raunacht

Beobachtungen/Ereignisse während der Raunacht

Orakelkarte/besondere Zeichen

Beobachtungen/Ereignisse im Monat Juni

31. Dezember: Siebte Raunacht

Öffnung für das Neue

Die siebte Raunacht steht für das Tierkreiszeichen des **Krebses/Mondes** (Element: Wasser). Die Qualität des Krebses (und des Mondes) sind Weiblichkeit und Emotionen. Der Krebs steht für die Seele, die Heimat, das Unbewusste, die Gefühlswelt, innere Kinder.

Heute ist Silvester, dieser Tag steht ganz im Zeichen der Vorbereitung auf das neue Jahr. Es ist der Tag der Feste – genauso wie der Monat **Juli**, dem diese Raunacht zugeordnet ist, der Monat der Feste und Feiern ist.

Heute wollen wir das alte Jahr einmal Revue passieren lassen und uns von den Dingen lösen, die wir nicht mehr ins neue Jahr mitnehmen wollen, um Platz zu schaffen für das Neue.

Datum: 31. Dezember (0:00 – 23:59 Uhr)
Thema: Öffnung für das Neue, innere Kinder, innere Stimme, Seele, Heimat, Gefühle, Weiblichkeit
Steht für den Monat: Juli
Astrologisches Tierkreiszeichen: Krebs

Dein Ritual für heute

- Schreibe direkt nach dem Aufstehen deine Träume auf.
- Ziehe eine Orakelkarte, um das Thema für den kommenden Juli zu erfahren, und schreibe es auf.
- Schreibe am Abend alle Erkenntnisse und Ereignisse des Tages auf.
- Mache eine Jahresabschlussbilanz.
- Mache bei Bedarf noch eine Reinigungsräucherung.
- Heute ist auch ein guter Tag für Orakel aller Art.
- Verbrenne den siebten 13-Wünsche-Zettel.

Diese Fragen kannst du dir heute stellen

- Was ist meine Vision fürs neue Jahr? Was möchte ich erreichen? Was wünsche ich mir?
- Was möchte ich bestärken? Was möchte ich endgültig loslassen?
- Kann oder will ich meine Gefühle ausdrücken? Höre ich auf meine innere Stimme?
- Kenne ich meine Bedürfnisse? Sorge ich gut für mich?

Affirmation:

„Ich lasse alles Verbrauchte und Alte los und öffne mich dem Zauber des Neuanfangs."

Jahresabschlussbilanz

Lasse das alte Jahr noch einmal vor deinem geistigen Auge Revue passieren. Was war gut? Was war nicht so gut? Was hast du gelernt? Wer hat dich begleitet, wer hat dich verlassen? Was hast du im Laufe des Jahres losgelassen? Schreibe alles auf, bastele eine Kollage oder zeichne eine Mindmap.

Reinigungsräucherung

Entzünde weißen Salbei in einem feuerfesten Gefäß und hülle dich mit dem heilsamen Rauch ein. Nun räucherst du von der Haustür beginnend **entgegen dem Uhrzeigersinn** alle Räume aus. In einer zweiten Runde gehst du mit einer aufladenden Mischung (z. B. Weihrauch oder Tonkabohne) **im Uhrzeigersinn** durch deine Räume.

Altes abwaschen

Nimm ein Bad mit Meersalz und wasche alles Alte ab. Meersalz ist besonders gut geeignet, da Salz die Fähigkeit hat, Energiefelder auszugleichen und schwere Energien zu binden. Während du im Salz badest, stelle dir vor, wie alle dunklen Energien sich auflösen und dein Energiefeld wieder heller wird. Bade 10-15 Minuten oder solange es für dich angenehm ist.

Alternative:
Solltest du keine Badewanne haben, kannst du auch mit Meersalz (bzw. einem Meersalz-Duschgel oder Meersalz-Peeling) duschen. Stelle dir auch hier vor, wie dein Energiefeld gereinigt wird.

Orakeln

Ziehe Karten, Runen oder vielleicht magst du ganz traditionell Blei gießen.

X The Wheel of Fortune
Knight of Pentacles
Nine of Cups

Siebte Raunacht

Deine Träume der siebten Raunacht

Beobachtungen/Ereignisse während der Raunacht

Orakelkarte/besondere Zeichen

Beobachtungen/Ereignisse im Monat Juli

1. Januar: Achte Raunacht

Mut & Zuversicht

Die achte Raunacht steht für das Tierkreiszeichen des **Löwen/**der **Sonne**. Sein Element ist das Feuer. War der Krebs eher der weiblichen, dunklen, der Mondseite zugeordnet, so repräsentiert der Löwe die strahlende, helle, männliche Sonnenseite. Er steht für Selbstvertrauen, Mut und Zuversicht, für Verwirklichung und Kreativität.

Ein glückliches neues Jahr! Heute ist der Beginn des neuen Jahres, die Menschen wünschen sich Glück, verschenken Glückssymbole. Die achte Raunacht ist dem Monat **August** zugeordnet, dem Monat der Freude, der Fülle, Kraft und Energie, aber auch des Müßiggangs. Es ist Hochsommer, die Sonne strahlt und füllt uns mit Kraft und Energie.

Am 1. August oder zum 8. Vollmond nach Jul feiert man Lughnasadh oder Lammas, das Schnitter- oder Erntefest.

Datum: 1. Januar (0:00 – 23:59 Uhr)
Thema: Selbstausdruck, Verwirklichung, Kreativität, Selbstbewusstsein, Energie, Männlichkeit
Steht für den Monat: August
Astrologisches Tierkreiszeichen: Löwe

Dein Ritual für heute

- Schreibe direkt nach dem Aufstehen deine Träume auf.
- Ziehe eine Orakelkarte, um das Thema für den kommenden August zu erfahren, und schreibe es auf.
- Schreibe am Abend alle Erkenntnisse und Ereignisse des Tages auf.
- Segne das neue Jahr.
- Verschenke Glückssymbole (auch virtuell).
- Mache einen Neujahrsspaziergang.
- Verbrenne den achten 13-Wünsche-Zettel.

Heute lassen wir es etwas ruhig und friedvoll angehen, um ganz in der Frische des neuen Jahres anzukommen.

Diese Fragen kannst du dir heute stellen

- Was sind meine guten Wünsche für das neue Jahr?
- Wie segne ich das neue Jahr?
- Wem kann ich Glück wünschen?
- Glaube ich an mich selbst? Vertraue ich mir selbst?
- Was bringt mich zum Leuchten?
- Welche Talente möchte ich entfalten?

Affirmation:

„Ich begrüße das neue Jahr mit Freude und Zuversicht."

Glück verschenken

Seit jeher verschenkt man Glückssymbole am neuen Jahr. Glück zu verschenken ist eine Geste des Herzens. Alles, was wir geben, kommt früher oder später auch zu uns zurück.

Zeige dich großzügig, sende anderen Menschen Glück und Segen.

Neujahrsspaziergang

Begrüße das neue Jahr mit einem Neujahrsspaziergang (oder einem Neujahrslauf/einer Neujahrsradfahrt, wenn du sehr sportlich bist) und tanke die frische Luft und die frische Qualität des neuen Jahres.

Nimm wahr, wie dein Körper sich bewegt. Nimm wahr, wie dein Körper atmet. Atme die frische, klare Winterluft ein. Deine Sinne sind wach und lebendig. Sei dir deiner Lebendigkeit bewusst.

Das neue Jahr segnen

Du brauchst für dieses Ritual:

- Kerze
- Zettel und Stift

Durchführung

Zünde eine Kerze an für das neue Jahr.

Lege deine Hände auf dein Herz und verbinde dich mit deinem Herzen. Atme dann dreimal über den Scheitel ein und über den Nabel aus. Verbinde dich dann über dein Herz mit den einzelnen Monaten und wiederhole Folgendes für jeden Monat:

Lege deine Hände auf dein Herz, konzentriere dich auf den einzelnen Monat und sende die Energie aus deinem Herzen als Segen für das neue Jahr.

Schreibe dir dann auf, was du im jeweiligen Monat gefühlt hast.

Achte Raunacht

Deine Träume der achten Raunacht

Beobachtungen/Ereignisse während der Raunacht

Orakelkarte/besondere Zeichen

Beobachtungen/Ereignisse im Monat August

2. Januar: Neunte Raunacht

Struktur & Klarheit

Die neunte Raunacht steht für das Tierkreiszeichen der **Jungfrau/**des **Merkur**. Ihr Element ist die Erde. Die Jungfrau bringt Struktur in unser Leben, sie steht für Ordnung, Perfektionismus, Sorgfalt, Geduld, Zuverlässigkeit, aber auch für Gesundheit. Vielleicht bemerkst du heute auch eine Veränderung der Energie: die Energie bis Silvester war eher nach innen gerichtet, nun kehrt der Alltag für viele bereits ins Leben ein und die Räder beginnen sich nun allmählich wieder vorwärtszudrehen. Dennoch ist noch nicht die Zeit, alle guten Vorsätze in die Tat umzusetzen, denn energetisch sind wir immer noch mitten im Winter. Es ist immer noch eine Zeit, innezuhalten, kreative Ideen zu sammeln und uns mit unserer inneren Stimme zu verbinden. Nutze diese Zeit und die Energie der Jungfrau, dich wieder zu organisieren, neu zu ordnen und zu strukturieren.

Die neunte Raunacht ist mit dem Monat **September** verbunden, dem Spätsommer, einer Übergangszeit zwischen Sommer und Herbst. Der Sommer ist vergangen, aber noch nicht ganz weg. Der Herbst steht vor der Tür, ist aber noch nicht ganz da. Es ist eine Zeit des Innehaltens und des Verweilens, Geduld ist gefragt.

In der Zeit vom 21.–23. September wird Mabon gefeiert, die Herbsttagundnachtgleiche, ein Ernte- und Dankbarkeitsfest.

Datum: 2. Januar (0:00 – 23:59 Uhr)
Thema: Ordnung, Erneuerung, Geduld, Neuorientierung, Struktur
Steht für den Monat: September
Astrologisches Tierkreiszeichen: Jungfrau

Dein Ritual für heute

- Schreibe direkt nach dem Aufstehen deine Träume auf.
- Ziehe eine Orakelkarte, um das Thema für den kommenden September zu erfahren, und schreibe es auf.
- Verbinde dich mit deinem Wunsch/deinem Ziel und male die Schritte zu ihrer Erreichung auf!
- Schreibe am Abend alle Erkenntnisse und Ereignisse des Tages auf.
- Verbrenne den neunten 13-Wünsche-Zettel.

Diese Fragen kannst du dir heute stellen

- Was möchte ich im neuen Jahr ernten?
- Welche Ziele und Träume möchte ich im neuen Jahr erreichen?
- Wie kann ich meine Ziele klar definieren und einen konkreten Plan erstellen?
- Wie kann ich meine Motivation und Ausdauer aufrechterhalten, um meine Ziele zu verwirklichen?
- Was brauche ich, um gesund zu sein? Was brauche ich, damit es mir gut geht?
- Wie kann ich mich mit meiner inneren Mitte verbinden? Wage ich es, meinem Bauchgefühl zu trauen?

Affirmation:

„Ich bin fokussiert und zielgerichtet auf dem Weg zur Verwirklichung meiner Pläne und Wünsche."

Ritual zur Visualisierung deiner Wünsche

Du brauchst für dieses Ritual:

- Stift
- evtl. Papier

Durchführung: Schreibe deine wichtigsten Wünsche für das neue Jahr auf (das können auch deine 13 Wünsche sein) oder male sie auf ein Blatt Papier. Du kannst hier auch gerne kreativ sein: Vielleicht magst du verschiedene Farben verwenden oder eine kleine Collage basteln.

Lies dir dann alle Wünsche der Reihe nach durch und visualisiere dabei jeden einzelnen Wunsch so, als habe er sich bereits verwirklicht, als sei er bereits Realität. Stelle dir dabei auch vor, wie du dich fühlst, wenn dein Wunsch wahr geworden ist. Wie fühlt es sich an? Kannst du es in deinem Körper spüren? Schreibe dir auf, wie du dich bei jedem einzelnen Wunsch fühlst.

Gibt es eine Affirmation, die den Wunsch unterstützt? Schreibe sie dir auf. Lasse dir Zeit.

Überlege dir dann bei jedem einzelnen Wunsch, wie du ihn wahr machen möchtest. Welche Schritte sind nötig auf deinem Weg? Schreibe sie auf.

Meditiere nun für 5 - 10 Minuten - oder auch länger, wenn es für dich stimmig ist. Entlasse deine Wünsche ins Universum.

Um die Meditation zu beenden, nimm einen tiefen Atemzug. Dann bring ein wenig Bewegung in deinen Körper, recke dich, strecke dich. Lasse dir Zeit.

Nimm dir in den kommenden Wochen deine Schritte auf der Liste vor und tu alles, was in deiner Macht steht, um deine Wünsche zu verwirklichen. Das Universum wird dich dabei unterstützen.

Neunte Raunacht

Deine Träume der neunten Raunacht

Beobachtungen/Ereignisse während der Raunacht

Orakelkarte/besondere Zeichen

Beobachtungen/Ereignisse im Monat September

3. Januar: Zehnte Raunacht

Balance & Harmonie

Die zehnte Raunacht steht für das Tierkreiszeichen der **Waage/Venus**. Ihr Element ist die Luft. Die Waage steht für Balance und Harmonie, Frieden und Gerechtigkeit, Liebe, Partnerschaft, Freundschaft und Ausgewogenheit.

Die zehnte Raunacht ist mit dem **Oktober** verbunden. Oktober ist die Zeit des langsamen Abschiednehmens, aber auch der Fülle und der Reife. Auch die Raunächte neigen sich langsam ihrem Ende zu – heute ist noch einmal Zeit, über dein Ziel und deine Vision zu meditieren. Am heutigen Tag kannst du auch gut wieder mit Weihrauch räuchern.

Dein Ritual für heute

- Schreibe direkt nach dem Aufstehen deine Träume auf.
- Ziehe eine Orakelkarte, um das Thema für den kommenden Oktober zu erfahren, und schreibe es auf.
- Meditation für innere Balance und Harmonie.
- Tu dir heute etwas Gutes: vielleicht ein Bad, eine Massage, ein Besuch in der Sauna?
- Schreibe am Abend alle Erkenntnisse und Ereignisse des Tages auf.
- Verbrenne den zehnten 13-Wünsche-Zettel.

Datum: 3. Januar (0:00 – 23:59 Uhr)
Thema: Wissen, Vision, Reife, Weisheit, Balance, Ausgleich, Harmonie
Steht für den Monat: Oktober
Astrologisches Tierkreiszeichen: Waage

Diese Fragen kannst du dir heute stellen

- Wie nutze ich meine Lebensenergie, meine Gedanken?
- Sind Körper und Seele im Gleichgewicht?
- Finde ich im Leben meine Balance?
- Wo ist etwas nicht in Balance? Wie kann ich mehr Balance in mein Leben bringen?
- Bin ich mit mir selbst in Frieden?
- Wie kann ich mehr Ruhe und Gelassenheit in mein Leben bringen?
- Wie kann ich meine innere Balance und Harmonie stärken?

Affirmation:

„Ich bringe Balance und Harmonie in mein Leben."

Meditation für innere Balance und Harmonie

Finde einen ruhigen Ort, an dem du ungestört bist, und bringe dich in eine für dich angenehme Position – das kann auf einem Stuhl sein oder im Schneidersitz auf dem Boden.

Spüre deinen Körper verwurzelt mit der Unterlage, auf der du sitzt. Wenn du magst, lasse gerne deine Augen geschlossen.

Nimm deinen Körper wahr. Nimm wahr, ob du irgendwo noch Spannungen spüren kannst. Atme aus und lasse alle Anspannung los. Stelle dir vor, wie du beim Einatmen frische Energie aufnimmst und beim Ausatmen alte, verbrauchte Energien loslässt. Lasse die Gedanken kommen und gehen. Vielleicht magst du sie dir vorstellen wie kleine Wolken am Himmel, die vorbeiziehen.

Stelle dir nun beim Einatmen vor, wie du ein sanftes Licht in dich aufnimmst. Stelle dir beim Ausatmen vor, wie es sich in deinem ganzen Körper ausbreitet und ein Gefühl der inneren Ruhe, der Balance und Harmonie in deinen Körper und in deinen Geist bringt.

Wie fühlt es sich an, in Balance zu sein? Nimm das Gefühl in deinem Körper wahr.

Während du weiterhin das Gefühl von innerer Ruhe und Wohlbefinden in dir aufsteigen lässt, kannst du positive Affirmationen verwenden, um das Gefühl zu verstärken. Wiederhole dir leise in deinem Geist Affirmationen wie „Ich bringe Balance und Harmonie in mein Leben", „Ich bin in Balance" oder „Ich bin im Einklang mit mir selbst". Wiederhole das so lange, wie es für dich stimmig ist.

Um die Meditation zu beenden, bedanke dich bei dem Gefühl der inneren Ruhe und des Wohlbefindens. Denke an die Dinge, die dir dabei helfen, dieses Gleichgewicht zu erhalten, und bedanke dich auch bei ihnen.

Nimm nun einen tiefen Atemzug. Dann bring ein wenig Bewegung in deinen Körper, recke dich, strecke dich. Lasse dir Zeit.

Zehnte Raunacht

Deine Träume der zehnten Raunacht

Beobachtungen/Ereignisse während der Raunacht

Orakelkarte/besondere Zeichen

Beobachtungen/Ereignisse im Monat Oktober

4. Januar: Elfte Raunacht

Transformation & Abschied

Die elfte Raunacht steht für das Tierkreiszeichen des **Skorpions/Pluto**. Sein Element ist das Wasser. Der Skorpion steht seit jeher für den Wandel, die Transformation, das Loslassen, für das Prinzip der Dualität, den Verlust, aber auch für den darin wohnenden Neuanfang.

Mit der elften Raunacht sind wir heute im Monat **November** angekommen. Der November steht wie kein anderer Monat für das Abschiednehmen, das Loslassen und den Tod. Gleichzeitig birgt aber dieses Abschiednehmen auch einen Funken des Neubeginns in sich. Denn nur, wenn wir vollständig loslassen können, können wir uns dem Neuen öffnen.

In der Nacht vom 31.10. auf den 1.11. oder zum 11. Neumond nach Jul feiert man Samhain, das Neujahr der Hexen.

Datum: 4. Januar (0:00 – 23:59 Uhr)
Thema: Transformation, Wandlung, Tod, Abschied, Loslassen
Steht für den Monat: November
Astrologisches Tierkreiszeichen: Skorpion

Dein Ritual für heute

- Schreibe direkt nach dem Aufstehen deine Träume auf.
- Ziehe eine Orakelkarte, um das Thema für den kommenden November zu erfahren, und schreibe es auf.
- Schreibe am Abend alle Erkenntnisse und Ereignisse des Tages auf.
- Geplatzte Träume und Wünsche loslassen.
- Räucherung mit Myrrhe oder Weihrauch.
- Verbrenne den elften 13-Wünsche-Zettel.

Diese Fragen kannst du dir heute stellen

- Was ist mir für mein Leben wichtig?
- Was ist endgültig vorbei und möchte nun losgelassen werden?
- Wie kann ich alte Wunden und Belastungen loslassen?
- Welche Bereiche meines Lebens benötigen Heilung und Transformation? Welche Praktiken und Rituale können mich dabei unterstützen?

Affirmation:

„Ich umgebe mich mit liebevoller Energie und ziehe Heilung in mein Leben."

Geplatzte Träume und Wünsche loslassen

Du brauchst für dieses Ritual:

- Papier und Stift
- feuerfestes Gefäß
- Räuchermischung (z. B. Myrrhe, Weihrauch oder Salbei)
- Kerze

Schreibe deine geplatzten Wünsche und Träume auf je ein Blatt Papier. Spüre noch einmal in dich hinein, lege die Zettel an dein Herz, atme alles Schwere aus. Verbrenne dann die Zettel zusammen mit Myrrhe, Weihrauch oder Salbei.

Räucherung mit Myrrhe oder Weihrauch

Du kannst mit Myrrhe oder Weihrauch auch deine Räume ausräuchern, um alles Schwere, was hier noch vorhanden ist, zu lösen.

Elfte Raunacht

Deine Träume der elften Raunacht

Beobachtungen/Ereignisse während der Raunacht

Orakelkarte/besondere Zeichen

Beobachtungen/Ereignisse im Monat November

5. Januar: Zwölfte Raunacht

Entfaltung & Weisheit

Die zwölfte Raunacht steht für das Tierkreiszeichen des **Schützen/Jupiter**. Sein Element ist das Feuer. Der Schütze steht für Wissen, Weisheit, Bildung, Erfolg, Expansion, Entfaltung unserer Potenziale.

Heute ist wieder eine magische Nacht. Die zwölfte Raunacht ist die sogenannte Nacht der Wunder, eine Schlüsselnacht. Hier kannst du alles, was in den vergangenen Nächten nicht gut gelaufen ist, auflösen.

Energetisch ist die zwölfte Raunacht dem Monat **Dezember** zugeordnet, dem dunkelsten Monat des Jahres. Gleichzeitig ist er der Monat, in dem das Licht neu geboren wird und das Licht mit der Wintersonnenwende seinen neuen Zyklus beginnt.

Datum: 5. Januar (0:00 – 23:59 Uhr)
Thema: Aufbruch, Entfaltung, Expansion, Weisheit
Steht für den Monat: Dezember
Astrologisches Tierkreiszeichen: Schütze

Dein Ritual für heute

- Schreibe direkt nach dem Aufstehen deine Träume auf.
- Ziehe eine Orakelkarte, um das Thema für den kommenden Dezember zu erfahren, und schreibe es auf.
- Räucherung.
- Negatives auflösen.
- Schreibe am Abend alle Erkenntnisse und Ereignisse des Tages auf.
- Verbrenne den zwölften 13-Wünsche-Zettel.

Diese Fragen kannst du dir heute stellen

- Was ist in den letzten 12 Nächten nicht gut gewesen? Was belastet mich noch? Was soll noch gereinigt werden?
- Lebe ich meine Potenziale? Wie kann ich meine Potenziale entfalten?
- Welche neuen Horizonte möchte ich erkunden?
- Bin ich ein Wegweiser für andere? Wie kann ich anderen Menschen helfen, ihr Potenzial zu entfalten?

Affirmation:

„Ich folge meiner inneren Weisheit und entdecke neue Möglichkeiten."

Räucherung

Heute ist ein guter Tag für eine letzte Räucherung. Wenn du magst, kannst du noch einmal deine Wohnung gut durchräuchern – mit einer Räuchermischung deiner Wahl. Vertraue deiner Intuition.

Negatives auflösen

Du brauchst für dieses Ritual:

- Papier und Stift
- feuerfestes Gefäß
- Reinigungsmischung (z. B. Kampfer oder Salbei)
- ggf. violette Kerze

Heute kannst du alles, was in den vergangenen Nächten nicht gut gelaufen ist, auflösen. Wenn du magst, entzünde eine violette oder schwarze Kerze.

Schreibe auf dem Papier nun alles Negative, alle Störungen, alle störenden negativen Gedanken, Gefühle und Handlungen der letzten Tage auf, die deiner Vision im Weg standen. Welche Altlasten, Erinnerungen, Überzeugungen, gescheiterte Vorhaben, geplatzte Wünsche und Träume stehen deinem Ziel im Weg?

Formuliere es hier ins Positive um und verbrenne den negativen Zettel in einem feuerfesten Gefäß mit der Räuchermischung.

Bitte die Kerze am Ende nicht auspusten, sondern z. B. mit einem Kerzenlöscher ausmachen. Wenn du die Kerze auspustest, pustest du die entstandene Energie wieder davon.

Zwölfte Raunacht

Deine Träume der zwölften Raunacht

Beobachtungen/Ereignisse während der Raunacht

Orakelkarte/besondere Zeichen

Beobachtungen/Ereignisse im Monat Dezember

6. Januar: Dreikönigstag

Das neue Jahr beginnt

Heute, am 6. Januar, dem Dreikönigstag, sind die Raunächte offiziell vorüber und das Jahr beginnt wieder von Neuem. Um Mitternacht, in der Nacht vom 5. auf den 6. Januar, gehen die Raunächte zu Ende und die Tore zur feinstofflichen Welt schließen sich wieder.

Öffne um Mitternacht oder am frühen Morgen alle Fenster und lasse den frischen Wind des neuen Jahres in dein Haus wehen.

Notiere dir auch heute ein letztes Mal deine Träume und wenn du magst, räuchere auch noch einmal mit Räucherstoffen deiner Wahl. Lade die frische, neue Energie des neuen Jahres in dein Leben ein!

Dein Ritual für heute

- Schreibe direkt nach dem Aufstehen deine Träume auf.
- Öffne um Mitternacht oder am frühen Morgen alle Fenster und lade die Frische des neuen Jahres ein.
- Gehe raus in die Natur, in die Frische des neuen Jahres.
- Schreibe deine Erkenntnisse der letzten Nächte auf.
- Öffne den dreizehnten Wunschzettel.

Diese Fragen kannst du dir heute stellen

Heute gehen die Raunächte zu Ende und die Tore zur feinstofflichen Welt schließen sich wieder. Lies dir deine Aufzeichnungen durch und beantworte dir folgende Fragen:

- Welche Erinnerungen habe ich verarbeitet, was muss ich noch aufarbeiten?
- Was möchte ich gerne loslassen? Was braucht noch Zeit?
- Welche Erkenntnisse und Einsichten habe ich während der Raunächte gewonnen?

Der 13. Wunschzettel

Es ist noch einer deiner 13 Wünsche übrig. Diesen Wunschzettel darfst du öffnen – und dich um die Erfüllung des Wunsches selbst kümmern!

Notiere dir hier alle deine Gedanken zu deinem Wunsch und dem Weg zu seiner Erfüllung.

Dreikönigsnacht

Deine Träume der Dreikönigsnacht

Beobachtungen/Ereignisse während dieser Nacht

Welche neuen Erkenntnisse nehme ich mit ins neue Jahr?

Der 13. Wunschzettel

Es ist noch einer deiner 13 Wünsche übrig. Dieser ist ein ganz besonderer Wunsch, um den du dich selbst kümmern darfst. Dabei wirst du vom Universum unterstützt.

Jahreskreisfeste und weitere Raunächte

Es gibt noch einige weitere magische Tage im Jahr, die du für dich nutzen kannst: die Jahreskreisfeste und die Portaltage – sozusagen Raunächte außerhalb der Raunächte.

FEBRUAR

In der Nacht vom 1. auf den 2. Februar bzw. 2. Vollmond oder zunehmender Mond nach Jul:
Imbolc/Lichtmess, „Geburt des Lichts"

MÄRZ

20. oder 21. März:
Ostara, Frühlingstagundnachtgleiche

APRIL/MAI

In der Nacht vom 30. April auf den 1. Mai oder am 5. Vollmond nach Jul:
Walpurgisnacht/Beltane

JUNI

21. Juni:
Sommersonnenwende/Litha

AUGUST

In der Nacht vom 1. auf den 2. August bzw. 8. Vollmond oder abnehmender Mond nach Jul:
Lugnasadh/Lammas

SEPTEMBER

Zwischen dem 21. und 23. September:
Mabon/Herbsttagundnachtgleiche.
Hier kannst du deine 13-Wünsche-Liste noch einmal hervorholen und schauen, was sich erfüllt hat.

OKTOBER

In der Nacht vom 31. Oktober auf den 1. November bzw. am 11. Neumond des Jahres:
Samhain/Halloween

NOVEMBER

1. bis 3. November:
die Zeit um **Allerheiligen/Allerseelen**

In der Nacht vom 29. auf den 30. November:
Andreasnacht

DEZEMBER

In der Nacht vom 5. auf den 6. Dezember:
Nikolausnacht

21. oder 22. Dezember:
Wintersonnenwende

Martina Honecker

Martina Honecker, Jahrgang 1976, ist zertifizierte Yogalehrerin, hat Psychologie studiert und ist Entspannungs- und Meditationslehrerin. Sie hilft Menschen, mehr Entspannung, Balance und Wohlbefinden zu finden. Ihre Programme sind ganzheitlich ausgerichtet. Seit einigen Jahren begleitet sie Menschen online durch die Raunächte.

Auf ihrem YouTube-Kanal und auf ihrem Blog findest du viele Tipps und Anregungen für ein achtsames, bewusstes Leben, Yoga, moderne Spiritualität und Meditation.

Besuche Martina unter:
www.yogamitmartina.de
www.magische-rauhnaechte.com
@yogamitmartina
@YogamitMartina

Quellennachweis:

- Griebert-Schröder, Vera und Muri, Franziska: Vom Zauber der Rauhnächte, München: Irisiana, 2012
- Ruland, Jeanne: Das Geheimnis der Rauhnächte, Darmstadt: Schirner, 2009
- Ruland, Jeanne: Visionsbuch für die Rauhnächte, Darmstadt: Schirner, 2019

#TOPPPROJEKT

Die eigene Kreativität zeigen: TOPPprojekt mit anderen Kreativen teilen und Teil der Gemeinschaft werden.

DIY-begeistert und auf Instagram? Dann unbedingt mitmachen! Hier gibt's Tipps und Feedback zu den eigenen Projekten. Außerdem verlosen wir jeden Monat ein Überraschungspaket. Um am Gewinnspiel teilzunehmen, einfach ein Bild vom Kreativ-Projekt aus unseren Büchern mit #TOPPprojekt posten und unserem Account @frechverlag folgen. Mehr Infos auf TOPP-kreativ.de/TOPPprojekt

Website
Auf TOPP-kreativ.de kannst du ein riesiges Angebot von über 1.000 Kreativbüchern, Sets & mehr entdecken.

Newsletter
Gleich anmelden unter: TOPP-kreativ.de/newsletter und immer als Erstes von unseren Neuheiten und Sonderaktionen erfahren.

Instagram
@frechverlag

Pinterest
pinterest.com/frechverlag

Facebook
facebook.com/frechverlag

DigiBib
Hier findest du zusätzlich zu vielen unserer Bücher digitale Extras, wie Video-Tutorials, Plotter-Dateien, Vorlagen, Übungsblätter & vieles mehr. Einfach im Impressum deines TOPP-Buchs den Freischalte-Code nachschlagen und exklusive Inhalte freischalten. TOPP-kreativ.de/digibib

Youtube
youtube.com/frechverlag

Wer wir sind, wie wir arbeiten, was wir lieben ...

Auf Instagram, Facebook und Pinterest findest du mehr über uns und unsere Arbeit und wirst immer schnell und einfach mit den neuesten Infos versorgt.

Alle News, alle Infos und alle Links findest du auf www.TOPP-kreativ.de

Entdecke weitere Titel zu ähnlichen Themen!

ISBN 978-3-7724-28030-7

ISBN 978-3-7724-28029-1

ISBN 978-3-7724-5362-5

ISBN 978-3-7724-5363-2

ISBN 978-3-7724-25051-5

ISBN 978-3-7724-25151-2

GTIN 4007742184087

GTIN 4007742184148

GTIN 4007742184070

TEXTE: Martina Honecker
BILDER: freepik
PRODUKTMANAGEMENT UND LEKTORAT:
Magdalena Wassen
COVERGESTALTUNG: Petra Schmidt
SATZ UND GESTALTUNG: Marion Kremer,
Heike Köhl
GESAMTHERSTELLUNG: Heike Köhl
DRUCK UND BINDUNG:
POLYGRAF PRINT spol. s r.o.

1. Auflage 2023

Dieselstr. 5, 70839 Gerlingen,
einem Unternehmen der Penguin Random House Verlagsgruppe GmbH, München

ISBN 978-3-7358-5226-7 · Best.-Nr. 25226

MIX
Aus verantwortungsvollen Quellen
FSC www.fsc.org FSC® C023577

Penguin Random House Verlagsgruppe
FSC® N001967

Service-Hotline
Hast du Fragen oder gibt es ein Problem?
Wir helfen dir gern. Ruf uns an oder schreib uns eine E-Mail:
Telefon: 0711/123 757 20*
E-Mail: hilfe@frechverlag.de
*normale Telefongebühren

Weitere Informationen zum Verlag und zu unserem gesamten Programm findest du unter:
www.topp-kreativ.de